PÉTITION Nº 40.

M. FRANCK-CARRÉ, RAPPORTEUR.

Dans l'intérêt de la Pairie et de l'ancien Sénat, le soussigné a l'honneur de recommander, d'une manière toute spéciale, la lecture de la présente pétition à la bienveillante attention de MM. les Pairs.

PÉTITION

A MESSIEURS LES MEMBRES DE LA CHAMBRE DES PAIRS.

Messieurs les Pairs,

En 1839, j'ai eu l'honneur de m'adresser par voie de pétition à votre chambre, afin d'obtenir sa haute intervention pour que l'inscription de la pension sénatoriale de 12,000 francs me soit délivrée avec jouissance à dater du 14 avril 1828, jour de la mort de mon père, ancien sénateur; pension qui m'est garantie immuablement par la décision transactionnelle et purement sénatoriale du 1er mars 1819, décision déclarée loi de l'État par la Cour de cassation, le 12 février 1835, comme ayant été maintenue et confirmée par la loi du 28 mai 1829.

Messieurs, votre commission des pétitions, composée, le 2 août 1839, de MM. de Belbœuf, de Cordoue, de Pernetti, de Laplace, de Bellemare, de Lort, a reconnu unanimement l'existence de la décision transactionnelle et purement sénatoriale du 1er mars 1819, existence d'ailleurs irrécusable aujourd'hui, cette dite décision ayant été déclarée comme loi de l'État, par l'arrêt de la Cour de cassation du 12 février 1835; cour qui, comme on n'en peut ignorer, ne rédige ses arrêts que sur pièces probantes en mains, et M. Trippier, pair de France et rapporteur, muni de la *minute* de ladite décision du 1er mars 1819, dont il donna communication à mon conseil, M. Berryer père, et en ma présence, a fondé sur *elle seule*, par son dit arrêt, le rejet de 256,000 francs d'arrérages que je réclamais alors sur le pied constitutionnel de 36,000 francs, arrérages qui, sans cette décision transactionnelle qui me dédommageait par la survivance de 12,000 francs qu'elle m'assurait compensatoirement, m'auraient été incontestablement délivrés en exécution de la Charte de 1814 et de celle de 1830.

Messieurs, ce ne fut point par le motif que les revenus du sénat étaient devenus, en 1819, insuffisans pour payer les 36,000 francs aux titulaires, ex-sénateurs, qu'on fut forcé d'en venir à cette transaction du 1er mars 1819, avec ces sénateurs *seuls* ayant droit devant la loi à la dotation du sénat, mais uniquement par celui qu'on avait doté inconstitutionnellement, sans lois et titres légaux au détriment des anciens sénateurs, quatre-vingt-dix-huit pairs, non anciens sénateurs et par le seul bon plaisir de douze, et même plusieurs parmi eux de 24,000 francs sur les revenus du sénat. Il est vrai d'ajouter que la loi du 28 mai 1829, après avoir souffert à la Chambre des Députés beaucoup de justes obstacles, d'oppositions et de vives discussions (1), quant à ces pairs dotés autres que d'anciens sénateurs, a fini par leur accorder, à dater du jour de la promulgation de ladite loi, des pensions de 12,000 francs, mais sans nullement confirmer les sommes que ces pairs avaient touchées inconstitutionnellement et sans titres légaux depuis 1814, jusqu'au 28 mai 1829, sommes qui auraient été pour eux infailliblement sujettes à restitution envers les ayant-droits, anciens sénateurs, ou leurs héritiers injustement dépouillés en faveur de ces dotés non anciens sénateurs, si le crédit, la position et la faveur ne l'emportent pas souvent sous un gouvernement comme celui de 1829 sur le bon droit et la loi.

En 1832, lors de l'abolition de l'hérédité de la pairie, la Chambre des Députés demanda des explications à la Chambre des Pairs, sur l'origine des traitemens et pensions dont jouissaient plusieurs membres de l'ancien sénat.

M. le marquis de Sémonville, grand référendaire alors, fut appelé par la commission de la Chambre des Députés, chargée d'examiner le projet de loi d'abolition de l'hérédité de la pairie ; il déclara à cette commission, au nom de la Chambre des Pairs :

1° Que les traitemens de 24,000 francs, dont jouissaient les an-

---

(1) Voir Pièces justificatives, n° 10, pages 15 et 16.

ciens sénateurs, pairs et non pairs, leur étaient assurés irrévocablement et leur vie durant par l'ordonnance souveraine du 4 juin 1814, annexe de la Charte;

« 2° Que les pensions de 12,000 francs dont jouissaient les fils des anciens sénateurs leur étaient assurées en exécution de la transaction purement sénatoriale du 1ᵉʳ mars 1819, qui avait réduit le traitement sénatorial de 36,000 francs à 24,000 francs, à la condition expresse de cette survivance qui en était la juste compensation.

La Chambre des Députés, satisfaite de ces explications, a confirmé, sans opposition aucune, ces pensions sénatoriales assurées par la charte et les lois aux anciens sénateurs et à leurs fils aînés; mais on s'est bien gardé de parler alors des pensions de 12,000 fr. dont jouissaient des pairs non anciens sénateurs, et sans autres titres primitifs avant 1829, que la faveur. On les enveloppa de nouveau du manteau sénatorial, et on leur continua le paiement des pensions de 12,000 fr. dont ils jouissent encore ; et quoique la pairie soit depuis 1814 une dignité purement gratuite, et à plus forte raison depuis la loi de 1832, abolitive de l'hérédité, ces pensions, conservées ainsi à certains pairs, non anciens sénateurs, ni leurs héritiers, sont donc aujourd'hui un problème impossible à résoudre constitutionnellement.

Trente-deux de ces pairs, non anciens sénateurs, ni leurs héritiers, jouissent encore, au jour où nous sommes, de ces pensions de 12,000 fr. (Voir la liste de leurs noms, déposée à la commission des pétitions.) Deux seulement parmi eux, MM. de Brézé et feu le duc de Tarente, pénétrés de l'inconstitutionalité qui les en avait gratifiés, au dépens d'autrui, dans le principe et avant la loi du 28 mai 1829, les ont refusées depuis avec cette loyauté qui les caractérise.

Messieurs, lorsqu'on a joui ainsi inconstitutionnellement et pendant quatorze années, c'est-à-dire de 1814 à 1829, d'un revenu destiné par la charte à un autre service, revenu dont le roi lui-même n'avait plus le droit de disposer, depuis son ordonnance souveraine du 4 juin 1814, annexe de la charte en faveur d'autres que d'anciens sénateurs, ordonnance confirmée dans toute sa teneur par la loi du 8 novembre 1814, ne devrait-on pas, lorsqu'on a l'honneur d'appartenir au premier corps de l'État, comme pair de France, être assez généreux, que dis-je, assez juste, assez consciencieux pour prendre au moins fait et cause pour défendre les intérêts et les droits de celui qu'on a dépouillé pour nous enrichir? je le demande à vous, messieurs les Pairs, vous qui ne jouissez point de ces pensions de faveurs, et qui y avez certes autant de droits qu'eux.

Aussi les nobles pairs, membres de cette commission de pétitions, du 2 août 1839 (*M. de Belbeuf, rapporteur*), ont unanimement conclu, pénétrés de la justice de ma réclamation, que ma pétition soit envoyée par votre Chambre au gouvernement, afin que justice me soit rendue en exécution des lois violées à mon égard. Ce renvoi, je l'aurais infailliblement obtenu si le ministre des finances d'alors n'avait point déclaré à votre Chambre que j'étais en instance, en ce moment, au conseil d'Etat et pour le même objet.

Ce ministre (M. Passy) ajouta « que mon père n'était point né Francais. » Absurdité plus que révoltante pour tous ceux qui daigneront jeter les yeux sur les grandes lettres de naturalisation dont copie ci-jointe (pages 12 et 14), et que mon père a obtenues avec M. l'amiral comte Verhuëll, toujours pair de France, dès le 18 décembre 1814. Ces lettres, signées de la main de Louis XVIII, et sanctionnées et vérifiées par les deux Chambres, portent que le comte de Saur, ancien sénateur, soit tenu, censé et réputé comme nous le tenons, censons et réputons pour notre *naturel sujet et régnicole*, jouir des priviléges, franchises et libertés, droits civils et politiques dont jouissent nos vrais et originaires sujets, et de celui de siéger dans la Chambre des Pairs et dans celle des Députés, s'il y est appelé, tout ainsi que si ledit comte de Saur *était originaire de notre royaume;* sans qu'au moyen des lois, ordonnances et règlemens d'icelui il soit fait aucun empêchement dans la pleine et libre jouissance des droits et priviléges qu'il nous plaît de lui accorder, l'ayant quant à ce dispensé et habilité, dispensons et habilitons, à la charge de finir ses jours en notre royaume, etc.

Le comte de Saur, mon père, est mort à Paris le 14 avril 1828; il a constamment joui, depuis 1819 jusqu'au jour de son décès, de la pension de 24,000 fr. Son nom figure sur la même liste des autres anciens sénateurs. Sa veuve, ma mère, a été inscrite à dater du jour du décès de son mari, mon père, non par faveur, mais en exécution de *l'Ordonnance du 4 juin* 1814, et sans observations aucunes, sur la simple demande d'inscription adressée à M. de Sémonville, grand référendaire alors, pour la pension de 6,000 fr. assurée aux veuves de sénateurs par cette dite *Ordonnance du 4 juin* 1814, pension dont elle a constamment joui jusqu'au 11 mars 1832, jour de son décès. (Voir le livre des pensions sénatoriales.) Ainsi , mettre seulement en doute mon droit à la pension transactionnelle et purement sénatoriale de 12,000 fr., que la transaction du 1ᵉʳ mars 1819 m'assure incontestablement , serait non seulement une violation de loi (car ces grandes lettres sont insérées au bulletin des lois en date du 20 novembre 1814), mais encore une félonie , puisque de simples lettres de naturalité que tout individu peut obtenir , s'il a dix ans de résidence en France, suffisent pour qu'il jouisse des traitemens et pensions attachés aux fonctions qu'il a pu exercer antérieurement à leur obtention. (Voir la loi sur les naturalisations, du 14 octobre 1814.) Ainsi , à plus forte raison , celui qui a été pourvu par le roi et les deux Chambres de grandes lettres de naturalisation , considérées par la loi comme un nouveau baptême , comment serait-il possible de lui opposer des raisons semblables à celles de M. Passy ?

Messieurs , le 13 janvier 1841, le conseil d'Etat a rendu son arrêt , et par cet arrêt il reconnut également l'existence de la décision transactionnelle du 1ᵉʳ mars 1819 ; mais il demanda communication au gouvernement de la minute de ladite décision pour m'allouer la pension de 12,000 fr. et ses arrérages. Eh bien! messieurs les Pairs, le croiriez-vous , depuis le 12 février 1835, on a frauduleusement soustrait ou anéanti cette dite décision, déclarée loi de l'Etat, par la Cour de cassation, pour me frustrer du bénéfice de cette loi transactionnelle.

Nobles Pairs, une pareille soustraction, qui dépouille un Français de ses droits acquis devant la loi, dégraderait un gouvernement si elle était sanctionnée par votre silence.

Tous les pouvoirs de l'Etat, Chambre des Pairs, Chambre des Députés, cour de cassation, conseil d'Etat, ont unanimement reconnu et sanctionné la décision transactionnelle du 1ᵉʳ mars 1819. Tous les fils aînés de sénateurs, tels que M. le comte Davoust, entr'autres, dont les pères sont décédés dans l'intervalle de la décision du 1ᵉʳ mars 1819, à celui de celle du 3 décembre 1823, jouissent de la pension de 12,000 fr., *en leur seule qualité de fils aînés de sénateurs.* (Voir l'ordonnance Davoust, déposée chez M. Larsonnier, caissier de la Chambre des Pairs.) Moi seul , j'en suis indignement frustré.

M. le marquis de Jaucourt, votre vénérable collègue , fût appelé à la rédaction de ladite décision du 1ᵉʳ mars 1819 , et quoiqu'il n'eut point de fils , il y donna néanmoins son adhésion , avec ce désintéressement qui le caractérise , et en pure considération pour ses anciens collègues sénateurs qui avaient des fils. (Voir ses lettres ci-jointes, pages 9 et 11.)

M. le comte de Boissy-d'Anglas, votre collègue, déclare également que son père a été un des rédacteurs de la décision transactionnelle du 1er mars 1819. (Voir sa lettre ci-jointe, pages 8 et 9.)

Messieurs, daignez jeter les yeux sur la lettre, dont copie ci-jointe, écrite par feu M. de Sémonville à MM. Lanjuinais et Boissy-d'Anglas. (Voir pages 10 et 11.)

Lisez la lettre ci-jointe de M. le général comte de Thiard, député et vice-président de la commission du budget, déclarant également que la *minute* de la décision du 1er mars 1819 a été produite en 1828 et 1829, à la commission chargée d'examiner le projet de loi sur la dotation du sénat, commission dont il faisait partie alors ; il ajoute qu'elle a *seule* décidé la Chambre des Députés d'alors à consentir à la réduction du traitement sénatorial de 36,000 f. à 24,000 f., vu que la décision transactionnelle et purement sénatoriale du 1er mars 1819, dédommageait ainsi par la survivance compensatoire de 12,000 f., assurée par elle aux fils aînés des titulaires sénateurs (nés français ou ayant obtenu, tel que mon père, le 18 décembre 1814, du roi et des chambres, de grandes lettres de naturalisation). Ces titulaires sénateurs de la retenue de pareilles sommes opérée à cette condition de survivance expresse sur leur traitement, irréductiblement fixé à 36,000 f., par l'ordonnance souveraine du 4 juin 1814, annexe de la Charte. (Voir la lettre ci-jointe, page 8.)

Messieurs, de pareils témoignages, en vertu des articles 46 et 320 du Code civil, remplacent plus que valablement le texte d'une loi si frauduleusement soustraite à mon préjudice, et c'est à la Chambre des Pairs, seule, qu'il appartient de faire rétablir le texte de cette loi, dont la soustraction est aussi offensante pour elle que désastreuse pour mes intérêts ; les documens qui existent soit aux archives de la Chambre des Pairs, soit qu'on les puise dans la déclaration de M. le marquis de Sémonville, forment évidemment un commencement de preuve par écrit, à laquelle il peut être suppléé par la preuve testimoniale. Que votre Chambre daigne faire appeler dans le sein de sa commission, en vertu de l'article 1347 du Code civil, MM. de Jaucourt, Boissy-d'Anglas, M. le général comte de Thiard, et sa religion sera plus que suffisamment éclairée pour que justice me soit rendue. Des attestations comme les leurs, que la vénération générale entoure, font loi aux yeux de la Chambre des

Pairs, et c'est à elle *seule* que l'initiative d'inviter le gouvernement à réparer l'omission qui me dépouille de mes droits acquis et sacrés devant la loi, à cette pension de 12,000 f., et ce dont j'ose la supplier, appartient ; et par cet acte de sévère justice et d'équité, elle rendra un digne hommage et à ses institutions et aux lois de l'Etat.

Messieurs, une somme de 213,369 f. 88 c., reliquat du compte du revenu de la dotation du sénat, fut versée par le caissier de la Chambre des Pairs, les 11 et 30 janvier 1830, dans les coffres de l'Etat.

Le 5 juin 1829, j'avais déjà formé opposition judiciaire sur ce reliquat de compte, présumé alors. L'article 7 de la loi du 28 mai 1829 ordonne qu'on ne versera au Trésor que les sommes provenant de cesdits revenus du sénat, que celles qui resteraient sans emploi ; ainsi mon opposition légale, formée en temps utile, me garantit les arrérages des *treize années* de ma pension de 12,000 f. Aucun des ministres des finances, qui se sont succédés depuis le 30 janvier 1830, n'a donc pu disposer de cette somme, déposée à la caisse d'amortissement pour aucun autre service, somme qui me garantit ainsi mes arrérages, et qui, avec ses intérêts à quatre du cent, qu'elle a produits, forme aujourd'hui un capital de plus de 325,000 f. Ainsi, aucun crédit extraordinaire, aucune charge pour les contribuables ne sont nécessaires pour que je sois soldé de ces arrérages, puisque la chose elle-même a produit doublement les fonds et la valeur de la somme qu'on me doit, à dater du 14 avril 1828, jour de la mort de mon père.

Je suis avec un très profond respect,

Messieurs,

Votre très humble et très obéissant serviteur,

Le comte De SAUR,

Ancien maître des requêtes au conseil d'État.

P. S. Veuillez prendre connaissance des pièces justificatives ci-jointes et déposées à la Chambre des Pairs en janvier 1842.

PIÈCES JUSTIFICATIVES.

N° 1.

A Monsieur le comte de Saur.

J'ai lu, Monsieur le comte, avec toute l'attention que méritait le nom du signataire, la consultation que vous m'avez fait l'honneur de m'adresser.

Je faisais partie de la commission chargée, par la Chambre en 1828, d'examiner le projet de loi relatif à la dotation du sénat, et si ma mémoire ne me trompe pas, je crois pouvoir vous assurer que, dans la discussion qui eut lieu au sein de la commission, le ministre des finances d'alors s'est appuyé uniquement sur la décision transactionnelle et purement sénatoriale du 1er mars 1819, qu'il nous a produite en *minute*, pour motiver légalement la réduction du traitement sénatorial de 36 à 24,000 fr., et pour justifier par des preuves, aux yeux de la Chambre, la transmission d'une pension de 12,000 francs aux fils aînés des anciens sénateurs et indistinctement pour tous.

Si mon témoignage, joint à ceux que vous avez recueillis, et qui sont unanimes en votre faveur, peut cependant vous paraître utile, je me fais un plaisir de vous laisser pleine liberté de communiquer cette lettre à qui de droit.

Une attestation plus puissante aujourd'hui que la mienne, serait celle de M. le baron Pelet ; comme moi il faisait partie de la commission de 1828, et les sentimens de loyauté et de sévère justice que chacun lui reconnaît, vous est un sûr garant que, dans cette circonstance, il mettra de côté son titre de ministre pour rendre, ainsi que moi, un juste hommage à la vérité, en constatant un fait que je m'étonne de voir dénier, et que les pouvoirs législatifs ont si souvent sanctionné.

Je pense donc, Monsieur le comte, que vous n'avez rien à redouter de la décision du conseil d'État, et que vous pourrez en toute confiance vous adresser à lui.

J'ai, etc.

Signé : général THIARD.

Paris, 15 septembre 1840.

Pour copie conforme à l'original de la présente, déposé à la Chambre des Pairs,

Signé : Le comte de SAUR,

Ancien maître des requêtes au conseil d'Etat.

N° 2.

A Monsieur le comte de Saur.

Monsieur le comte,

J'ai cherché dans les papiers de mon père la lettre de M. le marquis de Sémonville, en date du 18 mars 1819, lettre dont mon père a donné communication à M. le marquis de Jaucourt. Je ne l'ai point retrouvée, et cela ne m'étonne pas, attendu que mon père était dans l'habitude de ne conserver que des papiers utiles. La lettre du 18 mars ne l'était plus, depuis la décision du 3 décembre 1823 qui a transformé, en majorat perpétuel, la pension assurée indistinctement aux fils aînés des anciens sénateurs. Mon père n'avait dès lors aucun motif personnel de conserver cette même lettre qui ne réglait que des intérêts purement sénatoriaux.

Au reste, un témoignage aussi imposant que celui de M. de Jaucourt qui, avec mon père, était au nombre des anciens sénateurs qui ont coopéré à cette transaction du 1er mars 1819, doit suffire pour que, dans cette circonstance, justice vous soit pleinement rendue.

Agréez, etc.

Paris, 9 novembre 1840,

Signé : BOISSY D'ANGLAS,

Pair de France.

Pour copie conforme à l'original de la présente, déposé à la Chambre des Pairs,

Signé : Le comte de SAUR,

Ancien maître des requêtes au conseil d'Etat.

N° 3.

A son Excellence Monsieur le Ministre des finances.

Monsieur le Ministre,

Je regrette, dans l'intérêt de M. le comte de Saur, que M. le marquis de Sémonville ne puisse plus attester des faits dont il avait une parfaite connaissance, et dont aujourd'hui le souvenir est très éloigné et les témoignages fort fugitifs. Ce que je puis dire, parce que j'en ai conservé la mémoire, c'est que M. le grand référendaire s'entendit avec plusieurs sénateurs, *au nombre desquels* j'étais, sur le sacrifice à faire d'une portion de leur traitement; ce don, car il me semble qu'il fut ainsi qualifié, attendu qu'il était *volontaire*, fut fixé au tiers du traitement, c'est à dire à *douze mille francs* par an. Lorsque le retranchement qui avait été opéré sur tous les traitemens et sur la liste civile même eut cessé, les sénateurs s'émurent pour rentrer dans l'intégralité de leur traitement, c'est à dire *les trente-six mille francs* qu'ils recevaient précédemment; on fit entendre à la plupart d'entre eux qu'il se présentait des difficultés, mais qu'en disposant à l'avenir d'une survivance viagère de 12,000 francs, en faveur de leurs fils aînés, on ferait une chose favorable à l'intérêt des pères de famille et très convenable pour l'existence de la pairie héréditaire. Ces considérations ne me touchaient pas personnellement, mais elles intéressaient beaucoup de mes amis, et je déclarai à mon ancien et digne ami, le comte Boissy d'Anglas qui vint me voir à cette occasion, que je n'y apporterais aucune *opposition*, et que je l'*autorisais à dire que j'y donnais mon assentiment*.

M. le comte de Saur, père du réclamant, était sénateur; M. son fils existait, et pour ma part je penserais qu'il a droit à faire valoir le bénéfice qui résulte pour lui de l'ordonnance dont on relate la date au 1er mars 1819.

Je réponds d'une manière bien vague et bien insuffisante à la lettre que vous me faites l'honneur de m'adresser; mais depuis le jour où j'ai causé à ce sujet avec le comte Boissy d'Anglas, je ne crois pas y avoir pensé, et ce jour-là même, s'il m'est permis de le dire, je ne m'en occupai qu'en ce qui touchait à la dignité de la pairie, à l'intérêt de mes collègues Sénateurs et pères de famille, et pas du tout au mien.

Daignez agréer, M. le Ministre, l'assurance de la respectueuse considération avec laquelle j'ai l'honneur d'être,

Votre très humble et obéissant serviteur,

Signé : JAUCOURT,
Ancien Sénateur et Pair de France.

Paris, 12 mai 1840.

———

N° 4.

Copie exacte de la lettre circulaire adressée le 18 mars 1819, par M. le marquis de Sémonville, grand référendaire de la Chambre des Pairs, à MM. les comtes Boissy d'Anglas et Lanjuinais, anciens sénateurs, qui avaient demandé à la tribune de la Chambre des Pairs, et à plusieurs reprises, et au nom de tous les anciens sénateurs, *Pairs ou non Pairs*, que le traitement sénatorial fût rétabli à 36,000 fr. en vertu de l'ordonnance souveraine du 4 juin 1814 et de la loi du 8 novembre suivant, lettre qui m'a été confiée par ces messieurs à cette époque, afin que j'en prisse copie dans mes intérêts, lettre renfermant le contenu de la décision royale du 1er mars 1819, et dont l'original existe nécessairement dans les mains du gouvernement.

Monsieur et cher collègue,

J'ai l'honneur de vous informer que le Roi vient d'arrêter, le 1er de ce mois, sur la proposition de M. le Président du Conseil des Ministres, une décision provoquée par la réclamation réitérée de MM. les anciens sénateurs qui demandent unanimement, depuis juillet dernier, d'être remis en possession de leur traitement de 36,000 fr., en vertu de l'ordonnance du 4 juin 1814, traitement qui n'avait été réduit à 24,000 fr., en 1815, qu'avec leur adhésion, comme vous ne l'ignorez pas, c'est à dire pour trois années, de juillet 1815 à juillet 1818.

Cette décision du Roi, contresignée par M. le marquis Dessolles, fixe le traitement sénatorial définitivement pour l'avenir à 24,000 fr. (vu des circonstances qui touchent de trop près les intérêts d'un trop grand nombre de nos collègues à la Chambre des Pairs, et la main à laquelle ils doivent de si grands bienfaits), pour ne pas nous interdire toute observation sur son contenu, et d'autant plus que cette décision assure à tous les fils aînés de MM. les anciens sénateurs, *indistinctement*, en compensation de cette retenue opérée sur les 36,000 fr. dus à leurs pères, une survivance viagère de 12,000 fr. à dater du jour du décès de leurs pères titulaires, ex-sénateurs.

J'ose espérer, M. le comte, que cette décision du Roi, que je n'ai d'ailleurs provoquée par l'organe de M. le Président du Conseil des Ministres, qu'après avoir préalablement consulté sur son contenu la majeure partie de MM. les anciens sénateurs, doit d'autant plus vous être agréable, que vous avez un fils, et qu'elle vous assure ainsi un avantage compensatoire et de famille pour cette retenue, que tous nos anciens collègues au Sénat, tels que moi entre autres sans enfans, ou n'ayant que des filles, n'ont point : survivance que l'ordonnance du 4 juin 1814, ni la loi du 8 novembre suivant ne vous avaient point promise.

Signé : SÉMONVILLE.

Paris, 18 mars 1819.

N° 5.

A M. le comte de Saur.

Monsieur le Comte,

J'ai en effet reçu une lettre de **M.** le Ministre des finances relativement à l'affaire qui vous intéresse et à la juste réclamation que vous avez adressée au Conseil d'Etat. Je me suis empressé d'attester les faits à ma connaissance, à savoir, la réduction volontaire de notre traitement de 12,000 francs, et l'arrangement proposé plus tard par **M.** de Sémonville de substituer, à l'intégralité des 36,000 francs de traitement *que nous réclamions*, une pension viagère de 12,000 francs la vie durant du fils aîné du sénateur.

Je désire, Monsieur le Comte, que ce témoignage puisse concourir à l'obtention de votre demande si ancienne, si ajournée, et dont enfin je pense que vous recevrez une décision favorable.

J'ai l'honneur d'être, M. le Comte, votre dévoué serviteur,

Signé : JAUCOURT,

Ancien Sénateur, Pair de France.

Pour copie conforme à l'original qui est dans mes mains,

Signé : COMTE DE SAUR.

Paris, 12 mai 1840.

N° 6.

Copie de la lettre de M. le marquis de Sémonville à M. le comte de Saur, en date du 4 mars 1839.

Vous avez bien voulu, M. le Comte, me rendre la justice que j'avais, durant la durée de mes fonctions de grand référendaire, fait auprès du gouvernement tous les efforts qu'il m'était permis de tenter pour mes anciens collègues sénateurs *ou pour leurs familles*. J'ai défendu *leurs intérêts avec constance*. Aujourd'hui j'éprouve le regret de n'avoir pas mieux réussi et celui non moins vif de ne leur être désormais d'aucune utilité. Mon âge et mes résolutions ont été d'accord pour m'éloigner des affaires et des personnes qui les dirigent. Ma voix ne serait point entendue et je suis étranger complètement à leur personne.

Vous exposer cette situation, Monsieur, c'est vous prouver en même temps mes regrets de ne pouvoir plus répondre à votre confiance.

Recevez, Monsieur, l'expression de ce sentiment et celle de ma haute considération.

Signé : SÉMONVILLE.

N° 7.

Lettre de M. Viennet, pair de France, adressée à M. le comte de Saur, le 11 novembre 1840.

Monsieur le Comte,

Je ne puis pas entrer dans tous les détails que vous me demandez. Les faits sont connus de tout le monde, et le plaidoyer de M. Berryer père établit parfaitement vos droits. Je n'y suis que pour un ou deux rapports faits à la Chambre des Députés sur votre affaire. Je tenais alors votre réclamation *fort-juste* et je n'ai jamais conçu pourquoi *cette pension* vous était retardée quand la loi et la raison étaient pour vous, et j'espère que le Conseil-d'État vous fera rendre justice.

Signé : VIENNET,
Pair de France,

Pour copie conforme à l'original qui est
entre mes mains ,.

Le comte de SAUR.

————

N° 8.

Louis, par la grâce de Dieu, Roi de France et de Navarre, à tous présens et à venir, salut :

Le sieur Jean-André, comte Saur, officier de la Légion-d'Honneur, né à Freisheim, ancien sénateur, nous a exposé que, son pays natal se trouvant séparé de la France, en vertu du traité du 30 mai dernier, on pourrait le considérer comme étranger à notre royaume, et l'isoler ainsi d'un pays auquel il est attaché par les places qu'il a remplies successivement *depuis vingt ans*, en qualité d'*administrateur de canton*, de *membre et président de l'administration des quatre départemens du Rhin*, de *conseiller de préfecture*, de *membre du corps législatif et du sénat*, voulant *continuer* de résider en France, et nous *donner des preuves de sa fidélité et de son dévoûment à notre personne*, il nous supplie de lui accorder des lettres de naturalisation. A ces causes, voulant traiter favorablement l'exposant, et *lui assurer la récompense de ses nombreux et importans travaux*, de notre grâce spéciale, pleine puissance et autorité royale, nous avons dit, et déclarons par ces présentes, signées de notre main, voulons et nous plaît que ledit sieur comte Saur soit tenu, censé et réputé, ainsi que nous le tenons, censons et réputons, pour notre naturel sujet et *régnicole*, qu'il puisse et lui soit loisible de demeurer et s'établir dans tel lieu de notre royaume qu'il désirera, jouir des priviléges, franchises, libertés, droits civils et politiques dont jouissent nos vrais et originaires sujets, et de *celui de siéger dans la Chambre des Pairs* et dans celle des Députés, s'il y est appelé, *tout ainsi que si ledit exposant était originaire de notre royaume*, sans qu'au moyen des lois, ordonnances et règlemens d'icelui il lui soit fait aucun empêchement dans la pleine et libre jouissance des droits et priviléges qu'il nous plaît de lui accorder, l'ayant, quant à ce, dispensé et habilité, dispensons et habilitons, à la charge de finir ses jours en notre royaume. Ordonnons que les présentes, signées de notre main, seront adressées à la Chambre des Pairs et à celle des Députés, pour être vérifiées et ensuite toutes lettres expédiées.

Donné à Paris, le 11 octobre, l'an de grâce 1814, et de notre règne le 20e. (*Inséré au Bulletin des Lois en novembre* 1814.)

Signé : LOUIS.

Par le Roi, le chancelier de France,
Signé : DAMBRAY.

La Chambre des Pairs, après avoir entendu plusieurs rapports des lettres-patentes de naturalisation, avec plénitude des droits de citoyen français, obtenus par le comte Saur (Jean-André), ancien sénateur, conformément à l'ordonnance du Roi du 4 juin 1814, relative aux étrangers; ouï le rapport de sa commission spéciale, et après en avoir délibéré en la forme accoutumée, déclare lesdites lettres-patentes vérifiées, et ordonne qu'elles seront transcrites sur ses registres.

A Paris, le 20 octobre 1814.

> Les Président et Secrétaires, *signé* : DAMBRAY, le comte de PASTORET, le duc de LÉVIS, le comte de VALENCE, le maréchal, duc de Tarente, MAC-DONALD.

La Chambre des Députés, après avoir entendu la lecture des lettres-patentes de naturalisation, avec plénitude des droits de citoyen français, obtenues par le comte Saur (Jean-André), ancien sénateur, conformément à l'ordonnance du Roi du 4 juin 1814, relative aux étrangers; ouï le rapport d'une commission centrale, et après en avoir délibéré en la forme accoutumée, déclare lesdites lettres-patentes vérifiées, et arrête qu'elles seront transcrites sur ses registres.

A Paris, en séance publique, le 29 octobre 1814.

> Les Président et Secrétaires, *signé* : LAINÉ, le baron DUFOUGERAIS, GOULARD, DESAUX, CHERRIER.

Les présentes lettres, vérifiées dans la Chambre des Pairs le 20 décembre 1814, et dans celle des Députés le 29 décembre 1814, seront publiées et insérées dans le Bulletin des Lois; mandons et ordonnons à nos Cours et tribunaux, préfets, corps administratifs et autres, que ces présentes ils gardent et maintiennent, fassent garder, observer et maintenir; et, pour les rendre plus notoires à tous nos sujets, les fassent publier et enregistrer toutes les fois qu'ils en seront requis, car tel est notre bon plaisir; et, afin que ce soit chose ferme et stable à toujours, nous y avons fait mettre notre scel.

Donné à Paris, le 20 janvier 1815, et de notre règne le 20e.

Signé : LOUIS.

Par le Roi, le chancelier de France, *Signé* : DAMBRAY.

Vu au sceau. *Signé* : DAMBRAY.

N° 9.

Extrait du Moniteur.

CHAMBRE DES DÉPUTÉS.

Séance du mercredi 9 février 1820.

M. le prince de Broglie, rapporteur de la commission spéciale des pétitions, soumet à la chambre l'analyse suivante :

M. le comte de Saur, ancien sénateur, expose à la Chambre que, le 29 mars dernier, il a adressé à **M.** le marquis Dessolles, alors président du conseil des ministres, une pétition, qu'il a renouvelée le 1ᵉʳ mai, contre la fixation de sa pension au taux de 10,000 fr., tandis que ses anciens collègues, habitant la France, en reçoivent une de 24,000 fr. ;

Que M. le marquis Dessolles lui répondit, le 7 mai, une lettre ainsi conçue : « Le ministère, qui établit en ce moment les droits de MM. les anciens Sénateurs, et s'occupe avec soin de la fixation des pensions qu'ils réclament, ne manquera pas de prendre en considération les observations que vous m'avez fait l'honneur de m'adresser sur votre position. »

Ces observations tendaient à démontrer que, dans l'application de l'ordonnance du 4 juin 1814, qui accorde des pensions aux Sénateurs nés Français et en refuse aux autres, il convenait de distinguer la position des différens membres du sénat ; que les uns, en effet, appartenant à des pays incorporés, comme la Hollande, les États romains, plutôt que réunis à la France, avaient dû leur nomination au sénat à cette circonstance seule, sans avoir préalablement exercé les fonctions de citoyens français ; les autres, au contraire, comme lésés, qui étaient originaires des départemens plus anciennement réunis, avaient pu devoir leur nomination à des services rendus à la France antérieurement à cette nomination, et avaient au moins exercé avant cette époque des droits politiques ;

Que si cette distinction avait été soigneusement faite, l'ordonnance aurait été exécutée dans son véritable sens, puisque son intention, évidemment démontrée dans son préambule, était à la fois de reconnaître tous les services et de ne pas charger la France d'en récompenser d'autres qui lui étaient étrangers.

M. le comte de Saur appuie cette observation de la considération puissante qu'il a, ainsi que M. le comte de Lambrecht, obtenu de la munificence royale des lettres de grande naturalisation qui ne laissent aucun doute sur les intentions bienveillantes de S. M. à leur égard.

Il pense qu'il est impossible de contester que ses lettres aient au moins la force virtuelle qu'ont obtenue, par la loi du 14 octobre 1814, les simples lettres de naturalité, qui ont suffi pour assurer aux habitans des départemens réunis, qui jouissent depuis dix ans des droits de citoyens français, pour continuer à jouir des droits civils et politiques, d'être maintenus dans l'exercice des fonctions publiques et dans la jouissance des pensions assurées à leurs services précédens.

Votre commission a pensé, Messieurs, que les observations de M. de Saur devaient d'autant plus être soumises avec détail, qu'il a exercé des fonctions importantes avant d'être nommé sénateur ; que ses services ont été pris en considération par S. M., lorsqu'il lui a plu de lui accorder des lettres de grande naturalisation ; que sa position a une grande similitude avec celle où se trouve placé un de nos collègues ; que sa confiance dans l'intérêt de la Chambre a sans doute empêché de partager cette dernière réclamation comme il avait partagé les autres ; mais elle a cru que M. le comte de Saur se plaignant non d'un refus, mais d'un retard, elle devait se borner à vous proposer le renvoi à M. le président du conseil des ministres, dont l'attention sera de nouveau fixée par le rapport, ce qui accélèrera sans doute la décision demandée. (Les conclusions de M. le rapporteur sont adoptées.)

N° 10.

OPINION DES MEMBRES DE LA CHAMBRE DES DÉPUTÉS
EN FAVEUR DU RÉCLAMANT.

Extrait du Moniteur.

Dans la séance du 21 avril 1829, M. Dupin aîné disait : « D'abord,
» quant aux Sénateurs, il ne s'agit pas de ce qu'ils ont désiré, de ce
» qu'ils auraient inséré dans l'article 6 de leur projet de constitution,
» une dotation héréditaire, encouragés en cela par la lettre de Hartwel,
» du 1er janvier 1814; il s'agit de ce qu'on leur a réellement promis, c'est
» à dire leur dotation viagère, leur traitement de 36,000 francs continué
» pendant leur vie. Quel est le caractère de cette promessse? Si l'on veut
» se transporter à l'époque de la restauration, on se convaincra qu'on
» aurait pu ne pas continuer aux Sénateurs leur traitement; et qu'il n'y
» aurait pas eu de sédition dans le pays ; mais enfin la promesse en a été
» faite, c'est désormais une dette sacrée à laquelle il est impossible de se
» soustraire. La déclaration du 4 juin, contemporaine de la Charte, en a
» le caractère; elle a créé au profit des Sénateurs un droit rigoureux, et
» je le maintiens, non seulement pour l'honneur de la puissance royale
» qui l'a stipulé, mais aussi dans l'intérêt de toute dette publique, qui doit
» à être religieusement acquittée, quelque onéreuse qu'elle soit pour le
» pays. »

Dans un autre passage du même discours, il ajoutait : « Relativement
» aux Sénateurs, nous n'avons pas le droit de changer le caractère de
» ce qui leur appartient. C'est une dette, une dette publique reconnue
» par l'ordonnance du 4 juin qui, en ce point, a la même force que la
» Charte. Il faut donc avant tout reconnaître cette dette ; ensuite nous
» verrons s'il y a lieu de faire des libéralités : *nemo liberalis nisi libera-*
» *tus.* Quand même vous ne voudriez pas payer, vous y seriez obligés :
» il n'y a pas même de regrets à émettre; la dette est contractée par
» une puissance capable, il faut l'acquitter. »

M. Mauguin disait : — « Les Pairs de France ont-ils des droits? C'est
» une question; mais *ce n'en est pas une à l'égard des anciens Sénateurs*;
» il est une attribution que l'on ne peut contester, c'est celle faite par
» *l'ordonnance du 4 juin 1814 aux anciens Sénateurs.* »

M. de Chantelauze contesta vivement le droit des Sénateurs avant l'ordonnance; il soutint que la pension de 36,000 fr. était un bienfait; mais
il ajouta :

« Ce bienfait, le roi l'a accordé *d'une manière que je regarde comme*
» *irrévocable.* »

MM. Eusèbe Salverte et autres se sont prononcés dans le même sens :
tous ont reconnu que l'ordonnance du 4 juin était un acte irrévocable du
pouvoir souverain ; nul n'a songé à dire que les prétendues décisions auraient eu pour effet de porter la moindre atteinte aux droits des anciens
Sénateurs?

Séance du 25 avril 1839 (page 598).

M. Cormenin : « Je ne vois pas d'autre droit acquis que celui des anciens
» Sénateurs à la pension de 36,000 fr. arbitrairement réduite, et qu'il
» faut compléter. »

» Un droit acquis, sur quoi le fondez-vous? Sur l'ordonnance souve-
» raine du 4 juin 1814.

» Mais elle ne confère ni implicitement ni explicitement aucun droit
» aux nouveaux Pairs. »

Séance du jeudi 25 avril 1829 (pages 597 et 598).

Amendement de **M. Bavoux** : « Les pensions dont jouissent d'anciens
» Sénateurs en vertu de l'ordonnance du 4 juin 1814, ainsi que celles
» dont jouissent des veuves, seront inscrites au livre des pensions avec
» jouissance du 22 décembre 1829. Les pensions accordées à d'autres
» Pairs de France, c'est à dire à des Pairs non Sénateurs, cesseront à
» partir du 1er janvier 1830. »

La Chambre, dit M. Bavoux, me paraît à peu près unanime sur la
question de savoir s'il faut accorder aux Sénateurs ce que l'ordonnance
du 4 juin 1814 leur a promis. Si la Chambre regarde ce qui leur a été
promis dans cette ordonnance comme une dette, reconnaissons-la ; mais
je ne crois pas qu'avant de reconnaître cette dette, nous puissions nous
occuper de ce qui est relatif aux Pairs, de ce qui n'est que pure concession. Ce serait, je crois, intervertir l'ordre naturel de la discussion, que
de nous occuper des Pairs avant d'avoir établi les droits des anciens Sénateurs. M. le président me fait remarquer que mon amendement rentre
dans celui de M. Dupin : alors j'appuie de toutes mes forces la rédaction
de M. Dupin.

Séance du samedi 25 avril (page 619).

Amendement proposé par M. Viennet : — « L'arriéré dû aux anciens
» Sénateurs qui ne sont pas Pairs de France, sera porté au passif de la
» dotation du Sénat, et il sera prélevé la somme nécessaire pour acquit-
» ter cet arriéré. »

Discours du Ministre des finances (page 620, même séance).

Je n'examinerai pas si les réclamations des Sénateurs sont fondées :
c'est une question toute d'administration, de gouvernement; la Chambre
ne juge pas des procès, elle n'examine pas si telle somme réclamée par
tel individu est due; elle n'en fixe pas la quotité, et avant que cette quotité soit fixée, elle n'attribue pas un gage au paiement de cette somme.
On ajoute : Mais où sera donc leur gage? où sera le gage des créances
légitimes? Il sera sur tous les contribuables, il sera placé sur tout ce
qui établit la fortune publique, et la fortune publique a, jusqu'à présent, suffisamment répondu aux appels qui lui ont été faits. Le Trésor et
tous ses revenus répondent de toutes ces réclamations, quand une fois
elles seront reconnues et déclarées légitimes. Et que ferait une hypothèque sur tel ou tel bien, la règle générale n'est-elle pas que, quand un
bien entre dans les mains de l'État, toutes les hypothèques disparaissent,
et que l'État doit sur tous ses biens, s'il est débiteur, et non pas sur tel
ou tel bien en particulier?

AD MEMORANDUM.

Toutes ces loyales assurances, en décembre 1829, se sont évaporées
dans l'alambic de transfusion de la Liste civile au trésor de l'État.

Imprimerie d'Éd. Proux et Cᵉ, rue Neuve-des-Bons-Enfans, 3.